＊감수인

이 책은 인류가 발달하는 과정과 세계의 운동 전체를 거시적이고 넓은 시각에서 체계적으로 보여주고 있다. 서로 다르고 복잡해 보이는 사건들이 하나의 맥락을 갖고 연결되어 있다는 사실과 의미를 이야기 형식으로 서술하여 쉽게 파악할 수 있다. 학습효과를 위하여 단계적으로 이해해가는 형식을 취했고, 단원마다 요점들을 정리하여 서술하였다. 또한, 사실을 확신시키고 흥미를 높이기 위해 다양한 자료들, 현장 사진들, 삽화, 그리고 극화까지 활용하였다. 세계문화의 백과사전 같은 가치를 지녀서 성인들이 학습하기에도 손색이 없다.

청소년들이 머지않아 현재로서 맞이할 미래를 위해 이 책이 의미 있는 길잡이가 되길 바란다.

윤명철 (동국대학교 교수. 역사학자)

＊일러두기

• 맞춤법과 띄어쓰기는 국립국어원에서 펴낸 〈표준국어대사전〉을 기준으로 삼았습니다. 다만, 역사 용어의 표기와 띄어쓰기는 교육과학기술부에서 펴낸 〈교과서 편수 자료〉와 중학교 국사 교과서를 따랐습니다.

• 외국 인명과 지명은 〈외국어 표기 용례집〉을 따랐습니다.

• 〈세계사 이야기〉의 내용이나 체재는 2011년에 새로 나온 초등학교 교과서를 기본으로 하여 편집하였습니다. 맞춤법이나 표기도 최종적으로는 초등학교 교과서에 맞추었습니다.

피렌체 시청

우리 땅 넓은 땅
세계사 이야기 16

르네상스의 꽃이 피다

펴 낸 이 : 이재홍
펴 낸 곳 : 도서출판 세종
등록번호 : 제18-79호
대표전화 : 02)851-6149. 866-2003
F A X : 02)856-1400
주　　소 : 경기도 광명시 가학동 786-4호
공 급 처 : 한국가우스 ｜ 등록번호 제18-147호
고객상담전화 : 080-320-2003
웹사이트 : WWW.koreagauss.com

※잘못 만들어진 책은 교환해 드립니다.

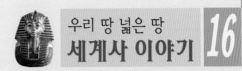

우리 땅 넓은 땅
세계사 이야기 **16**

르네상스의 꽃이 피다

글 **한국역사교육연구회** ■ 추천 **파랑새 열린학교 · 한국역사사관학교**
감수 **윤명철** (동국대학교 교수 · 역사학자)

LEONARDO

한국가우스

이탈리아 베네치아

역사를 올바로 보는 눈

세계의 역사는 우리 인류가 걸어온 발자취입니다.

어제 일어난 여러 사실들은 역사가의 평가와 시각에 의하여 역사적 사실로 재발견되고, 그 의미가 새롭게 밝혀져 역사로 기록됩니다.

이것을 통하여 오늘의 우리는 어제의 역사와 만나게 되고 우리가 살지 않았던 어제를 생생하게 체험하며, 그 올바른 의미를 물려받게 됩니다.

역사는 오늘의 삶을 비추어 주는 거울이며 내일을 바라볼 수 있는 창이기도 합니다.

때문에, 역사 서술은 치우침이 없고 엄격해야 합니다.

우리는 그러한 역사를 공부함으로써 우리 자신과 오늘의 현실을 객관적으로 바라보고, 또 비판할 수 있는 힘을 기르게 됩니다. 역사를 배우는 중요한 목표는 자신을 스스로 깨닫게 하는 데에 있다고 합니다.

한편, 역사는 단순한 어제가 아니라 살아 있는 어제여야 한다고 말합니다. 이것은, 역사가 단순히 어제의 사실을 알려 주는 것만이 아니고 오늘의 우리에게 교훈이 되고, 오늘의 문제를 해결할 수 있는 슬기가 되어야 한다는 뜻을 담고 있습니다.

이는 곧 우리가 왜 역사를 배워야 하는지를 말하는 것이기도 합니다. 한국인으로서의 정체성과 함께 다른 문화와 국가에 대한 이해가 있어야만 이 지구촌의 시대를 살아갈 수 있기 때문에 특히 세계사는 중요합니다.

한국인으로서 정체성은 한국사뿐만 아니라 세계사를 함께 배울 때 온전히 형성될 수 있습니다.

우리 어린이는 이러한 역사 인식으로 세계사를 사랑할 뿐 아니라, 인류의 번영, 그리고 새로운 세계의 건설에 이바지하는 '올바른 역사관'을 가진 세계인이 되도록 힘써야 할 것입니다.

한국역사교육연구회

차 례

1 이탈리아에서 싹튼 르네상스

르네상스는 14~16세기에 걸쳐 이탈리아에서 가장 먼저 일어났습니다.

이탈리아는 로마 제국의 옛 터전으로 고대 도시 생활의 전통이 그대로 남아 있으며, 봉건 제도가 다른 제국과 비교하여 약한 편이었습니다.

그리고 11세기 무렵에는 농노들이 해방되기 시작하였으며, 신성 로마 제국의 황제나 봉건 영주의 지배에 대항하여 자유 도시의 시민 계급이 등장하기 시작하였습니다.

십자군 시대에는 군대의 수송이나 지중해 무역에 의하여 베네치아, 제노바, 피사 등의 항구 도시가 발전하였고, 그 후에도 동방과 무역을 계속하여 경제적으로 번영을 누렸습니다.

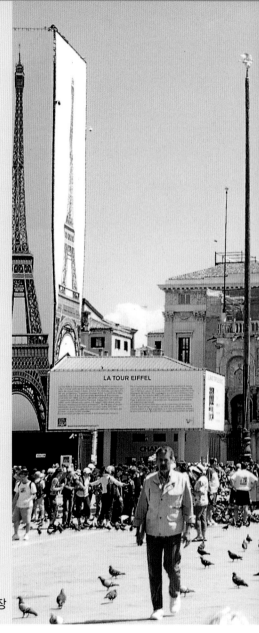

베네치아 산 마르코 광장

예루살렘의 옛 모습

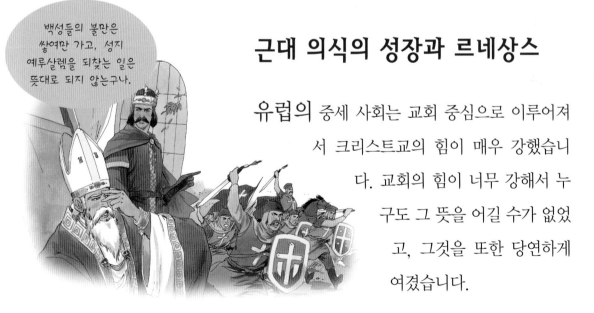

백성들의 불만은 쌓여만 가고, 성지 예루살렘을 되찾는 일은 뜻대로 되지 않는구나.

근대 의식의 성장과 르네상스

유럽의 중세 사회는 교회 중심으로 이루어져서 크리스트교의 힘이 매우 강했습니다. 교회의 힘이 너무 강해서 누구도 그 뜻을 어길 수가 없었고, 그것을 또한 당연하게 여겼습니다.

'교황에게 무조건 복종해야 하느님의 벌을 받지 않아.'
사람들은 늘 이렇게 생각했습니다.

하지만 십자군이 전쟁에서 질 때부터 사람들은 교회에 대해 의구심이 들기 시작했습니다.

예수 그리스도가 태어난 성지 예루살렘을 이슬람으로부터 찾는 일은 당연한 일인데도 어째서 매번 실패하는 것이고, 또 전쟁을 치르기 위해 꼭 이긴다며 병사를 모으던 교황의 말에도 불구하고, 왜 계속 지는지 알 수 없는 일이었습니다.

교황 우르반 2세*는 성지 예루살렘을 되찾아야 하는 이유를 몇 번이고 힘주어 강조했습니다.

＊우르반 2세

신성 로마 제국 하인리히 4세와 프랑스 왕 필립 1세와 다투면서 교황권의 신장에 힘썼다. 1095년 클레르몽 공의회에서 성지 예루살렘 회복을 위한 제1차 십자군을 결성시켰다.

100년 전 예루살렘의 주민

예루살렘의 전경

십자군 원정

예루살렘 전경

그리고 전쟁에 종군한 자의 가족과 재산은 교황이 직접 보호하고, 성지에서 죽은 자는 모든 죄를 용서받아 천국에 갈 것이라고 말했습니다.

그러나 십자군 원정＊이 실패로 돌아가자, 사람들은 하나둘 교회와 교황에 대한 불만의 목소리를 높여 갔습니다.

"예루살렘을 되찾는 일은 신을 위한 일인데 왜 실패만 하지?"

"꼭 이긴다더니 왜 지기만 하는 거야? 교황도 거짓말을 하나?"

"교황이 부추겨서 수백만 명이 억울하게 죽었어."

"아이고, 금쪽같은 내 아들 살려내라!"

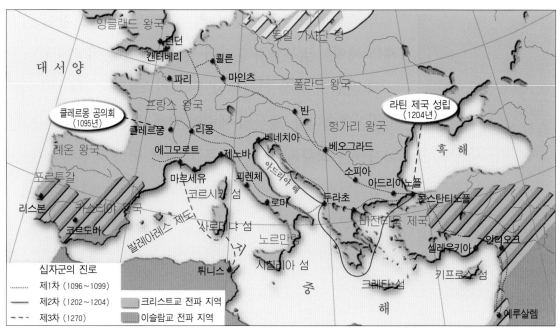

십자군 원정(1096~1270년)

그러자 삽시간에 교회의 온갖 규율이 깨졌습니다.

그리고 교황과 대립하여 세력을 다투던 *신성 로마 제국*[*]의 황제를 비롯한 유럽 여러 왕들의 세력은 커졌습니다. 뿐만 아니라, 하느님의 대리인이자 믿음의 기둥과도 같았던 교황의 권위가 떨어지자 신의 세계에 대한 의심이 생겨났습니다.

거룩한 신의 세계에 깊이 빠져 있던 크리스트교인들은 이제 서서히 인간의 현실 세계에 눈을 뜨기 시작했습니다. 그리고 옛날의 그리스·로마 문화를 다시 따르게 되었습니다. 이와 더불어 사람들은 십자군 원정을 통해 동방 세계에 대해 새로운 사실을 접하여 생각의 폭이 넓어졌습니다.

> **＊신성 로마 제국**
> 962년 오토 1세의 신성 로마 황제 대관에서 시작되어 1806년까지 계속된 독일 국가의 명칭이다.
> 동프랑크 국왕 오토 1세가 북이탈리아를 원정하여 로마 교황을 안전하게 보호한 대가로 교황 요한 12세에 의해 신성 로마 제국 황제로서 대관을 받은 것이 시초이다.

*아비뇽 유수
프랑스의 필립 4세는 교황 보니파키우스 8세와 대립하였다. 그는 삼부회를 소집하여 지지를 받고, 교황에게 도전해서 승리하였다.
그 후 교황은 프랑스인이 계승하였고, 교황청을 아비뇽에 두게 되었다. 교황들이 아비뇽에 거주했던 약 70년간을 교황의 아비뇽 유수라고 부른다.

그러나 한동안 강했던 교황의 세력과 점점 커져 가는 황제의 세력이 맞부딪쳐 혼란이 일어났습니다.

그 혼란이 가장 심했던 곳은 크리스트교의 중심지인 이탈리아였습니다. 교황의 세력이 약해지자 이탈리아의 도시 국가들은 교황파와 황제파로 나뉘어 더욱 격렬히 싸우게 되었습니다.

교황은 이러한 소용돌이를 피하여 멀리 프랑스의 아비뇽으로 가 약 70년 동안이나 로마를 비우게 되었는데, 이것을 '아비뇽 유수' *라고 합니다.

아비뇽 교황청

보니파키우스 8세

로마의 교황(재위: 1294~1303년)이다. 프랑스 왕 필리프 4세가 성직자에게 세금을 내게 하자, 이에 강력히 맞섰다.

1302년 교권과 정권은 모두 교회에 속한다고 하는 칙서를 발표하여, 교황이 왕보다 높은 자리에 있어야 한다고 부르짖었다. 그는 또한 교회법 학자로서 고전에 대해 매우 뛰어난 학식과 재능을 가지고

체포되는 교황 보니파키우스 8세

있었고, 로마 대학을 세우기도 하였다. 뒤에 여러 차례의 종교 회의에서 필리프 4세에게 몰렸고, 마침내 필리프 4세에게 체포되어 죽었다.

아비뇽 유수는 중세 말에 7대에 걸쳐 교황이 남프랑스의 아비뇽에 머물렀던 일을 말합니다. 교황 보니파키우스 8세는 절대적인 권력을 갖기 위해 프랑스의 황제 필리프 4세와 싸웠으나 패하였습니다.

이로써 교황의 권력은 점차 쇠퇴하였고, 그로부터 70여 년 동안 프랑스 왕의 허수아비 노릇을 하게 되어 교황의 정치적·종교적 권위가 크게 떨어졌습니다.

기원전 6세기에 있었던 바빌론 유수에 비유하여 '교황의 바빌론 유수'라고도 말합니다.

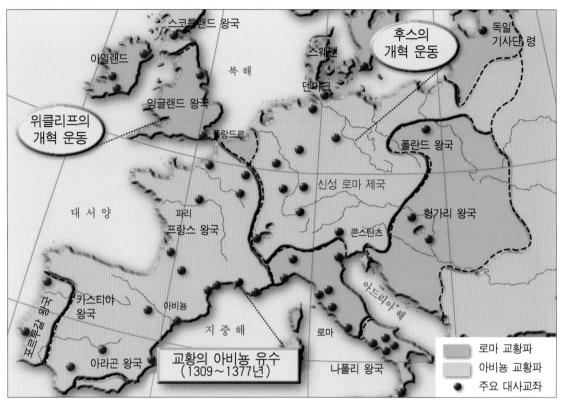

스코틀랜드 왕국

아일랜드

북 해

스웨덴

덴마크

후스의
개혁 운동

독일
기사단령

잉글랜드 왕국

위클리프의
개혁 운동

플랑드르

폴란드 왕국

대 서 양

파리
프랑스 왕국

신성 로마 제국

콘스탄츠

헝가리 왕국

아드리아 해

카스티야
왕국

아비뇽

포르투갈 왕국

지 중 해

로마

아라곤 왕국

교황의 아비뇽 유수
(1309~1377년)

나폴리 왕국

로마 교황파

아비뇽 교황파

주요 대사교좌

교황권의 쇠퇴와 교회의 대분열

이처럼 이탈리아에서 가장 큰 힘이었던 교황＊의 세력이 약해지자, 이것을 기회로 여러 도시들은 아무런 간섭도 받지 않고 그들의 세력을 키워나갈 수 있었습니다.

또한, 이탈리아는 지리적으로도 지중해 한가운데에 자리 잡고 있었기 때문에 십자군 원정 때 색다른 동방의 문화가 쉽게 들어올 수 있었습니다. 그리고 이탈리아는 일찍부터 공업 제품이나 옷감을 북유럽에 팔아 엄청난 부를 모아 발전했기 때문에, 도시의 실력자인 상인과 장인들의 세력이 강해진 것은 당연한 일이었습니다.

이들은 정치, 경제, 문화 등 모든 분야에서 그 중심 역할을 했습니다.

한편, 나침반과 화약의 발명으로 개척 정신도 높아졌습니다. 또 인쇄술의 발달로 사람들은 '인간은 인간 그 자체로 중요한 존재이다.'라고 느끼며 인간의 참된 모습을 깨달았습니다. 그들은 옛 문화를 익히면서 새로운 문화를 이루어 갔습니다. 이렇듯 인간 중심의 새로운 문화의 출현을 '르네상스(문예 부흥)'라고 합니다. 르네상스의 본래 의미는 '다시 태어난다'이며, 이것은 내용상으로 '문예 부흥'을 말합니다.

🔔 골든벨 상식

르네상스

14세기 이후 이탈리아의 상업 도시를 중심으로 싹트기 시작한 문화 혁신 운동이다. 인문주의를 바탕으로 한 근대 의식으로, 16세기에 이르러 서유럽 각지로 확대되어 갔으며 종교 개혁이라는 회오리바람을 일으켰다.

르네상스의 본래 뜻은 그리스, 로마의 고전 문화를 재생한다는 것이나, 이 운동은 그리스, 로마 문화의 단순한 재생에 그치지 않고 보다 넓은 인간 정신의 혁신을 찾는 정신 운동이었다.

르네상스의 본질은 극도로 속박당한 인간을 해방하여 중세를 극복하고자 한 인문주의에 있었다. 이러한 사상은 차차 발전하여 근대 의식의 기초가 되었다. 르네상스는 지중해 무역으로 번영한 북이탈리아의 여러 도시를 중심으로 발전하였다.

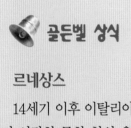
항해용 나침반

르네상스 시기 다빈치의 작품
'담비를 안고 있는 여인'

르네상스의 중심 피렌체

*근대 사상의 출발점
이 된 르네상스
스위스의 문화사가인
부르크하르트는 르네상
스를 '자연과 인간의 재
발견'이라고 하였다.
확실히 르네상스 정신
에는 현실 긍정, 자유로
운 개성 발휘, 크리스트
교의 전통적인 교의와
세계관을 비판하는 합리
주의, 실험과 관찰에 기
초한 자연 과학적인 인
식, 국민 문학의 출현 등
이 나타나고 있다.

잃어버린 옛 문화와 문명을 오늘날에 되살린다는 뜻이
이 말 속에 숨어 있습니다.

신 중심에서 인간 중심의 세계가 열리자 유럽 사회는 활
기에 넘쳤습니다. 이 운동으로 인하여 인간은 개성적인 존
재가 되었으며, 풍부한 인간성을 자유롭게 발전시켜 나가
게 되었습니다.

르네상스 시기의 예술품 미술관

또한, 자연을 있는 그대로 관찰하고, 그 아름다움을 즐기게 되었습니다.

한마디로 말해서, 르네상스의 본질은 고전 문화의 부흥을 실마리로 한 인간과 세계의 재발견이라고 할 수 있습니다.

오랜만에 자연을 느끼니 정말 기분이 상쾌하구나. 오늘은 자연의 아름다움을 그림으로 옮겨 봐야지.

*르네상스에 대한 평가

르네상스는 단절설, 연속설, 이행설로 구분할 수 있다.

스위스의 문화사가인 부르크하르트는, 르네상스 시대는 중세와 단절되었고, 그리스와 로마의 고전 문화 시대와 직결된다는 단절설을 주장하였다.

반면, 호이징가는 르네상스는 이미 12세기에 시작되었으며, 이 시대는 중세 문화의 결실기라고 주장하였는데, 이 견해를 연속설이라 한다.

베르그송은 역사란 끊임없는 변화의 연속이므로, 르네상스는 중세의 황혼기인 동시에 근대의 여명기였다는 타협안을 내세워 이행설을 주장하였다.

스위스의 문화사가인
부르크하르트

르네상스 운동은 14~16세기에 걸쳐 일어났는데 처음에 문학, 건축, 미술 같은 예능 분야에서부터 시작되었다가, 차차 서양 사람들의 모든 생각과 생활 방식에 커다란 영향을 끼쳤습니다.

르네상스가 제일 먼저 일어난 나라는 이탈리아입니다. 이탈리아는 도시의 실력자인 상인과 장인들 덕분에 경제적으로 아주 풍족했습니다.

특히, 15세기에 교황청의 재정과 금융을 담당하고 있던 메디치 가가 정권을 잡고 전제 군주가 되어 문예를 보호하고 장려함으로써 더욱 발전하였습니다.

유럽의 르네상스

이탈리아 르네상스를 지원한 메디치 가의 응접실

베네치아, 제노바, 피렌체 등이 그 대표적인 도시이며, 이곳을 통해 동서양을 이어 주는 지중해 무역이 활발하게 행해졌습니다.

특히, 이탈리아의 피렌체는 무역과 직물 수출, 그리고 은행가의 진출로 전 유럽에서 가장 부유한 도시였습니다.

피렌체에서 가장 재산이 많았던 메디치 가*는 예술가와 학자들을 적극적으로 도와서 피렌체를 전 유럽 문화의 중심지로 떠오르게 하였습니다.

이 집안의 가장인 코시모 메디치는 본래 정치에 관심이 없었습니다.

*메디치 가
이탈리아의 금융업자이며 피렌체 공화국과 토스카나 공국을 지배한 부호 일가이다.
14세기 문예 부흥기에 대두하여 15세기에 전성 시대를 이루었다. 또한, 문예를 보호·장려하여 문예 부흥에 공헌하였다.
특히, 미켈란젤로 등의 예술가들을 보호한 것으로 유명하다.

＊막시밀리안 1세
신성 로마 제국의 황
제이다. 외정의 실패로
스위스 독립을 승인하
고, 밀라노를 할양하게
되었으나, 혼인 정책으
로 에스파냐, 헝가리 등
의 지배권을 획득하여
합스부르크 가의 번영을
꾀하였다.

하지만 시장 선거 때마다 피렌체 사람들이 여러 패로 갈
라져 모략과 암살 등을 일삼자 많은 지지를 받으며 정치 일
선에 나서게 되었습니다. 그리하여 피렌체는 3백 년에 걸
쳐 메디치 가의 지배를 받게 되었습니다.

코시모 메디치의 출현으로 피렌체의 역사는 곧 메디치
가의 역사요, 메디치 가의 역사가 곧 피렌체의 역사가 되었
습니다.

피렌체 공 코시모 1세의 부인인 엘레오노라와 그녀의 아들

메디치 가의 창시자
조반니 디 바치

피렌체 공화국 로렌초 메디치

피렌체 공화국의 지배자였던 로렌초 데 메디치

코시모 메디치의 초상화

＊로렌초 데 메디치
이탈리아 르네상스 때의 시인, 피렌체 공화국의 지배자이다.

15세기 중엽의 피렌체는 가장 찬란한 번영기를 맞았는데, 그는 일찍이 정치적인 재주가 뛰어나, 1469년 지배자의 자리에 올라, 그와 가까운 70명의 부하를 모아 '70인회'를 만들어 독재 정치를 하였다.

로렌초 데 메디치는 레오나르도 다 빈치, 미켈란젤로를 비롯하여 많은 문학가와 예술가들을 보호하여, 피렌체를 사실상 르네상스의 중심으로 발전시켰다.

코시모의 뒤를 이은 피에로 메디치, 로렌초 데 메디치＊의 3대 동안 피렌체의 문화는 그 절정기에 달했으며, 이탈리아의 유명한 예술가들은 모두 피렌체로 몰려들었습니다. 특히, 로렌초 데 메디치는 예술에 엄청난 돈을 투자하여, 피렌체를 전 유럽의 부러움을 받는 예술의 본고장으로 만들었습니다.

＊〈다비드상〉
이탈리아의 미켈란젤로가 1504년에 만든 조각 작품이다. 거대한 대리석상으로 완벽한 구도와 인체의 늠름한 체격을 표현한 훌륭한 작품이다. 현재 피렌체의 아카데미아 미술관에 소장되어 있다.

이탈리아에서 싹튼 르네상스는, 문예 부흥이 그 특징이었습니다.

새로운 근대 문학의 길을 연 시인과 소설가로는 단테, 페트라르카, 보카치오 등이 있고, 이 밖에 건축과 미술과 조각 분야에도 천재들이 등장했습니다.

그중에서 〈최후의 만찬〉과 〈모나리자〉를 그린 레오나르도 다 빈치와, 〈최후의 심판〉과 〈다비드상〉＊으로 유명한 미켈란젤로 등을 손꼽을 수 있습니다.

골든벨 상식

페트라르카

이탈리아의 시인이며 인문주의자이다. 볼로냐 대학에서 법률을 공부했으나, 그 뒤 성직자가 되어 인문주의 운동에 앞장섰으며, 고전 문학 연구에 열중했다.

그는 라우라라는 여성과의 정신적 연애에서 커다란 영향을 받았는데, 라우라에 대한 사랑을 그린 서정시 〈칸초니에레〉는 근대적 우수를 간직한 연애시로서 후세의 작가들에게 커다란 영향을 주었다.

그 밖의 작품으로 라틴 어 서사시 〈아프리카〉, 〈위인전〉 등이 있다.

시인이자 인문주의자인 페트라르카

미켈란젤로의 〈다비드상〉

특히, 그리스와 로마의 고전 작품을 수집하고 정리하여 연구하는 붐이 일어났는데, 이와 같은 고전 문학에 대한 연구를 인문주의(휴머니즘)*라 하며, 그러한 사람들을 인문주의자(휴머니스트)라고 합니다.

이들의 활동은 먼저 로마 고전 연구에서 시작되었습니다.

이들은 비잔티움 제국이 멸망한 후 이탈리아로 이주해 온 그리스 학자들의 영향을 받아서 그리스

*인문주의

인본주의, 인도주의 등으로 번역되는 매우 넓은 범위의 사상 경향을 지칭하는 세계관이다. 휴머니즘이라고도 한다.

일반적으로는 인간의 본성과 갖가지 인간적 사상에 관심과 애정을 품고, 인간의 특수성에 고유의 가치와 존엄성을 인정한다.

좁은 뜻의 정의는 유럽 르네상스기에 나타난 고전적 학예의 부흥을 통하여 인간성 도야를 꾀하려고 하는 학문, 교육 이념을 말한다. 즉, 인문주의는 르네상스 시대에 이탈리아에서 발생하여 널리 유럽에 퍼진 정신 운동이다.

최후의 심판

어로 기록된 고전을 연구하여, 고전에 나타나 있는 인간의 참다운 모습을 발견하려 하였습니다. 고전 문학을 중시하는 기풍은 페트라르카에서 비롯되었습니다.

페트라르카의 초상화

페트라르카의 〈운명의 구제에 대하여〉

페트라르카는 르네상스의 막을 연 최초의 인문주의자입니다. 그는 오랫동안 수도원에서 성경 연구에 몰두하던 어느 날 의문이 생겼습니다.

이탈리아 최초의 인문주의자인 페트라르카

'우리는 왜 하느님의 말씀에만 얽매여 있는가?'

'우리 인간 스스로에 대해 아는 것은 무엇인가?'

이때부터 페트라르카는 성경 대신 인간에 대한 연구를 시작하면서 그 기록과 자료를 찾아 헤맸습니다.

'그래! 사람이 가장 사람다웠던 그리스와 로마 시대의 고전을 연구해 보자. 거기에 그 해답이 있을 거야.'

그리하여 그는 그 후, 그리스와 로마 고전 문학 연구에 더욱 열중했으며, 라우라라는 여인과의 사랑을 그린 대표적 서정시 〈칸초니에레〉를 통해 신을 향한 무조건적인 복종이 아닌, 자연과 인간을 노래하였습니다.

이탈리아의 시인 페트라르카

시성으로 불리는 단테

*피렌체
이탈리아 토스카나 주의 주도이다. 메디치 가의 지배하에서 이탈리아 르네상스 문화의 중심지가 되었다. 영어명은 플로렌스이다.

단테가 살던 집

한편, 이탈리아의 시성(시의 성인)이라고 일컬어지는 단테는, 1,423행의 서사시인 〈신곡〉을 써냈습니다. 고향 피렌체*에서 단테는 9세 때 베아트리체라는 소녀를 만났습니다.

'아, 참 예쁘다!'

단테는 그 뒤 10년이 지났을 때에 베아트리체를 다시 만났습니다. 베아트리체가 먼저 단테를 알아보고 미소를 지었습니다.

'아아! 정말 아름답구나!'

다시 마주친 단테와 베아트리체

단테는 이렇게 두 번밖에 본 적이 없는 소녀를 평생 마음속에 품고 사랑했습니다. 베아트리체는 다른 남자와 결혼했으나, 단테는 이 소녀를 마음속에 고이 간직하여 위대한 작품 〈신곡〉을 창조해 냈던 것입니다.

단테는 중세를 탈피하려는 경향을 보였으나, 사상의 본질은 중세에 머물러 있었습니다. 그러나 중세적 세계관 속에서도 인간성을 파악하였으며, 그 당시 공통어였던 라틴어가 아닌 이탈리아어로 작품을 써서 국민 문학의 시조가 되었습니다.

 골든벨 상식

보티첼리

이탈리아의 화가이다. 필리포 리피에게서 그림을 배우고, 사실주의 화가인 베로키오에게서 영향을 받아, 1470년 처음으로 〈포르테차〉와 〈유딧과 홀로페르네스〉를 발표하여 이름을 떨치기 시작했고, 1474년 〈성 세바스티아누스의 순교〉를 발표함으로써 사실파 화가로 인정받았다.

1478년 산타마리아 노벨로 성당에 〈동방 세 박사의 예배〉라는 제단화를 그렸으며, 자화상을 비롯하여 메디치 가 사람들의 인물화를 잘 그려서 초상화가로도 이름을 떨쳤다.

보티첼리가 그린 단테의 〈신곡〉 삽화

1481년 로마 교황의 부름을 받아 바티칸 궁전과 시스티나 대성당의 벽화에 뛰어난 솜씨를 보였으며, 〈모세의 초상〉 등 많은 벽화와 교황의 초상을 그렸다.

작품으로 〈비너스의 탄생〉, 〈봄〉, 〈성 모자〉 등이 있다.

＊〈신곡〉

이탈리아의 시성 단테가 지은 종교적 서사시이다. 〈지옥편〉, 〈연옥편〉, 〈천국편〉 3부로 되어 있으며 각 부는 33장으로 구성되어, 이들 99장과 서장 1장을 합쳐 총 100장으로 이루어졌다.

인간의 영혼이 죄악의 세계로부터 회개와 정화의 세계에 이르고, 다시 천국으로 향상, 정진하는 경로를 묘사한 작품으로, 크리스트교적 세계관에 기초한 인생의 일대 축도를 표현하고 있다.

단테의 〈신곡〉＊은 지옥편, 연옥편, 천국편으로 나누어져 있습니다. 인간의 영혼이 죄악의 세계로부터 정화의 세계에 이르고, 다시 천국으로 향상, 정진하는 경로를 묘사한 작품입니다. 그리고 중세 사람들의 생각이 옳지 않음과 새 시대가 열린다는 것을 알려 주었습니다.

이탈리아 피렌체에 있는 단테 동상

이탈리아의 화가 보티첼리

단테

이탈리아의 시인이다. 세계 4대 시인의 한 사람으로 시성이라고 일컬어진다. 이탈리아 각지를 방랑하며 학문을 쌓아 중세기 최고의 학자가 되었다.

그는 많은 시와 논문을 썼는데, 그중에서도 고전 문학의 유산 가운데 가장 위대하다고 평가되는 장편 서사시 〈신곡〉이 유명하다.

〈신곡〉을 손에 들고 있는 단테

단테의 대표작인 〈신곡〉이 세상에 알려지게 된 한 가지 일화가 있습니다.

1321년, 그가 죽었을 때 원고 일부가 없어지는 일이 있었습니다. 그의 아들이 끝내 원고를 찾지 못하고 좌절하고 있던 어느 날, 꿈에 아버지가 나타났습니다.

흰 옷을 입고 나타난 아버지는 아들에게 알려 주었습니다.

"아들아! 그 원고는 내 방의 비밀 장소에 넣어 두었단다."

잠에서 깬 아들이 아버지가 일러 준 대로 방으로 가서 여기저기 찾다가 그 비밀 장소를 발견했습니다.

정말 그 속에는 곰팡이가 슨 몇 장의 원고가 가지런히 놓여 있었습니다.

2 보카치오의 〈데카메론〉

〈데카메론〉은 이탈리아의 작가 보카치오(1313~1375년)가 단편 이야기들을 엮은 것으로, 단테의 〈신곡〉에 비교해 '인곡'으로 불리는 작품입니다.

이 작품은 1348년에서 1353년에 걸쳐 완성되었습니다. 〈데카메론〉을 인곡이라 부른 것은 영적인 세계에 관심을 갖던 중세 문학과는 달리, 보통 사람의 생활, 육체적 욕망 등을 중심으로 다루고 있기 때문입니다.

〈데카메론〉에는 인간 생활에서 일어나는 우스꽝스러운 이야기, 도덕적 훈화, 타락하고 부패한 교회와 성직자의 풍자, 그리고 사랑 등 매우 다양한 100편의 이야기가 담겨져 있습니다.

페스트가 퍼졌던
피렌체의 단테 성당

인간의 모습을 담아낸 〈데카메론〉

*페스트
페스트균에 의한 급성 전염병이다. 오한, 두통, 현기증 등의 증세가 나타나며, 피부가 흑자색으로 변하여 흑사병이라고도 한다.

〈데카메론〉은 보카치오가 1353년에 쓴 유명한 소설입니다. 소아시아에 공포의 전염병인 페스트*가 유행하더니 1348년에는 피렌체에도 퍼졌습니다. 때문에 자고 나면 많은 환자가 생기고 죽었습니다.

'데카메론'의 삽화

보카치오의 초상화

흑사병을 몰고다니는 닥터 쉬나벨

영국의 페스트

이탈리아의 소설가 보카치오

페스트에 걸려 죽는 사람들

"아이고, 하느님! 살려 주세요!"

사람들은 교회로 몰려가 기도했습니다.

산타 마리아 노벨라 교회에 모인 귀부인 7명과 3명의 신사가 의논했습니다.

"페스트가 없어질 때까지 피난을 가도록 합시다."

그들은 시내 변두리의 별장으로 가서 10일 동안 지내기로 하였습니다.

"아, 심심해! 어떻게 열흘을 지낸담?"

이탈리아 르네상스 시기의 화가 산드로 보티첼리가 그린 '데카메론'

별장에서 지내게 된 사람들은 지루함을 달래려고 매일 한 사람씩 한 가지 이야기를 하기로 하였습니다. 이렇게 하여 열 명이 열흘 동안 지어낸 이야기가 백 가지가 되었습니다.

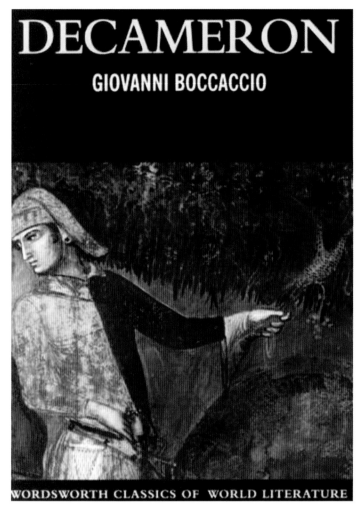

'데카메론' 의 표지

흑사병 유행기간동안 벌어진
유럽인들의 유대인 학살

*〈데카메론〉
　보카치오의 대표작으
로, 페스트가 유행하던
1348년에서 1353년 사
이에 지어졌다고 한다.
　페스트를 피해 교외
의 별장으로 간 열 명
의 사람이 매일 10편씩
열흘 동안 계속 이야기
를 하여 100편의 이야
기를 모은 담화 형식의
소설이다.

　바로 이 이야기가 〈데카메론〉*(열흘 이야기)입니다. 10일 동안 첫날과 마지막 날은 이야기를 자신이 하고 싶은 대로 자유롭게 선택하였으나, 8일 동안은 의장이 낸 주제에 따라 이야기를 하였습니다.

　그 주제 중에서 제일 많은 것은 '인간의 운명 투쟁'과 '인간의 지혜'였습니다.

　이것은 지은이가 르네상스 시대에 '인간'을 얼마나 존중하고 '지혜'를 얼마나 중요하게 생각했는가를 보여 주는 것입니다.

다음은 지은이 보카치오가 〈데카메론〉에 쓴 '클라드 잔필리아치의 요리사 키키비오 이야기' 입니다.

어느 날, 주인이 사냥을 하러 가서 두루미를 잡아와 요리사 키키비오에게 명령했습니다.

"맛있게 요리를 하게."

그런데 요리사는 두루미의 다리 하나를 잘라 이웃에게 주었습니다.

주인이 식탁에 요리가 되어 나온 두루미를 보고 다리가 왜 하나밖에 없느냐고 묻자 키키비오는,

외다리로 서서 자는 두루미들

하늘로 날아오르는 두루미들

"내일 아침 일찍 냇가에 가 보시면 압니다."

하고 대답했습니다.

다음 날 아침, 주인은 요리사를 데리고 냇가로 나가 보았습니다. 그랬더니 여러 마리의 두루미가 모두 외다리로 서

서 자고 있었습니다.

"저것 보십시오. 두루미는

다리가 하나잖습니까?"

"무슨 소리를 하는 거야?"

주인은 소리를 쳐서 두루미

들을 깨웠습니다. 그러자 놀

란 두루미들이 하늘로 날아올

랐습니다.

어젯밤에도 요리된
두루미를 그렇게
깨우시지 그랬어요?

저것 보라고.
두루미는 다리가
두 개잖아.

*두루미

우리나라에 10월 무렵에 날아와서 이듬해 4월까지 머물다 날아가는 겨울 철새이다.

몸빛은 새하얗고 머리 위에는 붉게 피부가 드러난 단정이 있다. 이마에서 목에 걸쳐 검은색의 넓은 띠가 길게 있고, 목, 다리, 부리는 매우 길다. 꽁지는 짧고 흰색인데, 앉으면 날개의 검은색 부분에 덮여서 검게 보인다.

두루미

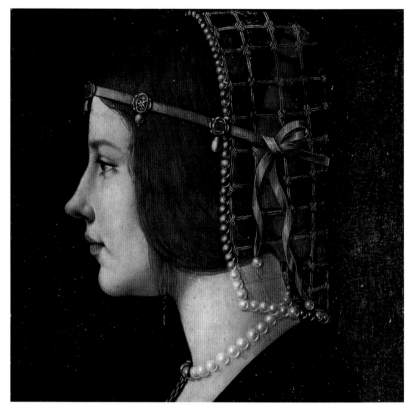

레오나르도 다 빈치가 그린 〈진주 머리 장식을 한 여인〉

"저것 봐! 두루미*는 두 다리가 달려 있잖아?"

주인은 요리사에게 호통을 치며 벌을 내리려고 하였습니다. 그러자 요리사가 얼른 말했습니다.

"주인님, 어젯밤에도 그렇게 두루미를 깨우셨더라면 요리가 된 외다리 두루미가 깜짝 놀라 두 다리로 날았을 게 아닙니까?"

"허허허……."

주인은 너무나 기발한 재치에 요리사를 용서해 주었습니다.

유럽 문학에 큰 영향을 끼친 보카치오

그 당시의 사회는 페스트가 유행하여 몹시 우울했습니다. 보카치오는 그런 사람들을 위로하려고 〈데카메론〉을 썼는데, 이 소설이 곧 유럽의 최초 산문 소설입니다.

이야기의 폭이 넓은데다가 이야기마다 등장인물이 다르고 그 성격이 복잡한 점 등에서 인간의 삶 자체를 있는 그대로 그려 놓은 듯한 느낌이 드러나 있습니다.

〈데카메론〉은 우스꽝스러운 이야기, 낭만적인 사랑, 비극적인 운명 등 14세기의 새로운 인간의 모습을 폭넓게 담아낸 작품입니다.

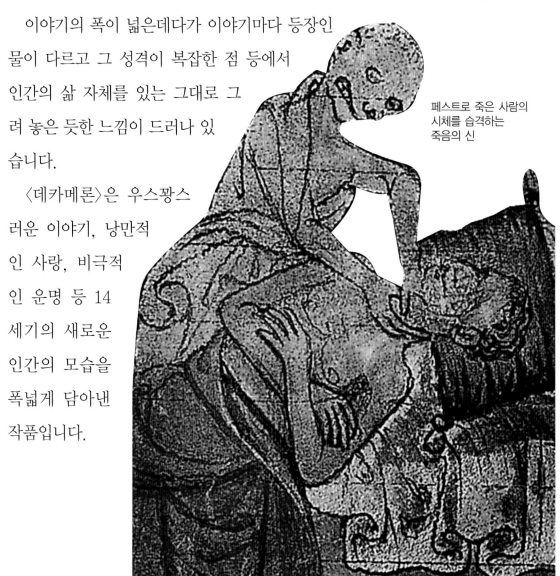

페스트로 죽은 사람의 시체를 습격하는 죽음의 신

또한, 〈데카메론〉은 고위 관리와 성직자들의 잘못을 마구 꼬집어 비판하였기 때문에 많은 비난을 받기도 하였습니다.

단테의 〈신곡〉과 견줄 만한 보카치오의 〈데카메론〉은 그 후 이탈리아 문학은 물론 유럽 여러 나라의 문학에 큰 영향을 끼쳤는데, 그중에서도 특히 '영국 시의 아버지'로 불리는 초서에게 직접적인 영향을 끼쳤습니다.

한 걸음 더!

보카치오

이탈리아의 작가로, 베르길리우스, 스타티우스의 작품과 그리스 신화를 본격적으로 연구하면서 천재적인 창작력을 발휘하며 문필 활동을 하였다.

1348년부터 1353년에 걸쳐 집필된 대표작 〈데카메론〉은 사회 각계 각층의 인물들이 풍자되어 있으며, 그 당시의 시대상을 사실적으로 묘사하여 문학사상에서 매우 높이 평가받고 있다.

페트라르카와 깊은 우정을 나누었으며 단테를 존경하여, 1364년 〈단테 전〉을 완성했다. 그는 르네상스 시대의 인문주의자로서도 유명하며, 후세의 문학가들에게 매우 큰 영향을 끼쳤다.

그 밖의 작품으로 〈디아나의 사냥〉, 〈필로콜로〉, 〈피에졸레의 요정〉 등이 있다.

〈데카메론〉을 쓴 보카치오

골든벨 상식

〈캔터베리 이야기〉

14세기 영국 최대의 시인인 초서(1340~1400년)가 쓴 운문 설화집으로, 1387~1400년에 걸쳐서 집필되었다. 캔터베리의 순교자 묘지를 참배하러 가는 순례자들이 여관에서 주고받았다고 하는 23가지의 이야기를 수록하였다.

〈캔터베리 이야기〉를 쓴 초서

초서의 〈캔터베리 이야기〉의 사본

초서의 운문 설화집인 〈캔터베리 이야기〉는 캔터베리의 순교자 묘지를 참배하러 가는 순례자들이 여관에서 주고받았다고 하는 23가지의 이야기를 수록한 것입니다. 보카치오의 〈데카메론〉을 그대로 모방했다는 평을 듣고 있습니다.

이 작품은 아일랜드의 민화와 동양의 옛날이야기로부터 소재를 얻어서 거기에 웃음을 불어넣은 인간 희극으로, 오늘날까지도 많은 사람들에게 널리 읽히는 책입니다.

3 레오나르도 다 빈치와 미켈란젤로

르네상스는 미술에서도 인간 중심적 경향이 두드러졌습니다. 사실적이고 개성적인 그림이나 조각이 등장하였으며, 육체적이고 감각적인 인간의 아름다움을 대담하게 추구하는 경향이 나타나게 되었습니다.

르네상스 시대의 유명한 화가로는 〈모나리자〉, 〈최후의 만찬〉을 그린 레오나르도 다 빈치, 〈최후의 심판〉 등을 남긴 미켈란젤로, 〈성모상〉으로 유명한 라파엘로가 있습니다.

건축 중에는 그리스의 열주식과 로마의 아치 또는 돔을 절충한 르네상스 양식이 발전하였는데, 로마의 성 베드로 대성당이 그 대표적인 것입니다.

이탈리아 밀라노에 있는
레오나르도 다 빈치의 동상

만능 천재 레오나르도 다 빈치

이탈리아의 미술도 르네상스 시대에 눈부시게 발전했습니다. 레오나르도 다 빈치는 뛰어난 화가였을 뿐만 아니라, 조각, 건축, 공예 분야에서도 훌륭한 작품을 많이 남긴 만능 천재였습니다.

유일하게 베로키오의 사인이 있는 작품 '성모자'

48

레오나르도 다 빈치의 스승인 베로키오의 〈세례 요한의 참수〉

1452년, 피렌체 근처의 빈치 마을에서 태어난 다 빈치는 어려서부터 그림이나 조각에 뛰어난 재능을 발휘하여 많은 칭찬을 받았습니다.

"세상에, 어쩌면 이렇게 재주가 좋을까?"

"누가 이런 그림을 저렇게 작은 꼬마가 그렸다고 할 수 있겠어?"

다 빈치는 13세 때 아버지를 따라 피렌체에서 유명한 조각가이자 화가인 베로키오*를 찾아가 그의 제자가 되었습니다. 그리고 16세 되던 해에 처음으로 그림 부탁을 받았습니다.

어느 농부가 무화과나무로 만든 방패를 가지고 찾아와서 다 빈치의 아버지에게 부탁했던 것입니다.

*베로키오
이탈리아의 조각가이며 화가이다. 피렌체에서 대표적 아틀리에를 운영하였다.
제자로 레오나르도 다 빈치 등을 배출하였다.

프랑스 앙부아즈성에 있는 다 빈치의 침실

*방패
전쟁 때 적의 칼이나
창, 화살 등을 막는 데
쓰던 무기이다.

*스케치
대상을 세부적으로 묘
사하지 않고 빨리 그리
는 것, 또는 그 그림을
말한다.

"댁의 아드님께 방패에 그림을 그려 달라고 해 주세요."

이렇게 하여, 다 빈치는 방패*에 그림을 그리게 되었습니다. 다 빈치는 우선 뱀, 박쥐, 고슴도치 따위의 징그러운 동물을 잔뜩 잡아 왔습니다.

'곰이나 멧돼지가 보면 벌벌 떨 만큼 무서운 그림을 그려야지!'

다 빈치는 괴물을 그리려고 그런 것을 잡아 온 것입니다. 그렇지만 그 동물들을 보고 그냥 그리면 무섭지 않아서 칼로 뱀의 주둥이를 찌른다든가, 박쥐 날개를 피투성이로 만들어 몸부림치는 모습을 스케치*했습니다.

그림을 완성하기로 약속한 날짜가 되자 그림을 부탁한 농부가 찾아왔습니다.

"우리 아이가 다 그려 놓았답니다. 기다리십시오."

다 빈치의 스케치 작품

50

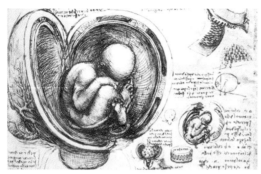
다 빈치의 '배아 연구'

다 빈치가 그린 아름다운 여인의 스케치

　다 빈치의 방 안으로 들어간 아버지는 그림을 그린 방패를 보자, '으악' 비명을 지르며 그냥 뛰쳐나왔습니다. 방패에 불이 타오르고 뭐라고 표현할 수 없는 괴물이 마구 꿈틀거렸기 때문입니다. 이때, 다 빈치가 나타나 말했습니다.

　"이 방패 그림에 아버지도 놀라시는 걸 보니 어떤 짐승이라도 도망치겠지요?"

　다 빈치는 방패를 농부에게 건네주며 웃었습니다.

성장하여 유명한 화가가 된 다 빈치는 1503년 어느 날 피렌체의 한 부호로부터 부인의 초상화를 그려 달라는 부탁을 받았습니다.

이때, 부인인 리자의 나이는 24세였고 아주 아름다웠습니다.

다 빈치는 모델 리자를 보며 열심히 초상화를 그렸습니다.

'아, 저 미소를 어떻게 표현하여야 할까?'

다 빈치의 작품 '그리스도의 세례'

피렌체 우피치 미술관의 다 빈치 조각상

얼굴 중에서도 특히 입 부분이 잘 그려지지 않았습니다. 무엇과도 바꿀 수 없는 그 아름답고 신비로운 미소가 잘못하면 천박스러워질 수도 있었습니다.

다 빈치는 무려 3년 동안 초상화를 그려서 거의 완성 단계에 접어들었습니다.

성취욕이 대단한 다 빈치는 한 작품을 완성시키는 데 심혈을 기울였으며, 초상화를 그릴 경우에는 근육의 움직임까지도 세밀하게 관찰하였습니다.

리자의 모습을 그릴 때도 악사와 광대를 불러 부인의 마음을 항상 즐겁게 함으로써, 정숙한 미소를 머금은 표정과 편안한 손 모양 등을 그릴 수 있었습니다.

레오나르도 다 빈치의 〈자화상〉

그림이 거의 다 되었을 때 리자가 남편을 따라 여행을 떠난다는 말을 하였습니다.

"마무리는 여행을 다녀오신 뒤에 하지요."

"선생님, 이 그림 제목을 뭐라고 하실 작정이세요?"

"'모나리자'라고 하겠습니다."

여기서 '모나'란 '마돈나'로, 유부녀를 아주 높여 부르는 말이며, 여기에 부인의 이름인 '리자'를 덧붙여 모나리자라고 한 것입니다.

그러나 이것이 모나리자 그림의 마지막 작업이 되었습니다. 여행을 떠난 리자 부인이 병으로 세상을 떠났기 때문입니다. 그리하여 레오나르도 다 빈치의 〈모나리자〉는 신비한 미소와 함께 미완성 작품으로 남았습니다.

레오나르도 다 빈치가 그린 최초의 초상화

레오나르도 다 빈치의 대표작인 〈모나리자〉는 신비함을 느끼게 하는 미소와 함께 '모나리자의 수수께끼'로서 오늘날에도 큰 관심거리가 되고 있습니다.

다 빈치가 만년을 지낸 장원

<모나리자>

레오나르도 다 빈치의 <모나리자>

르네상스 미술의 거장 레오나르도 다 빈치의 대표적 초상화로 미완성 작품이다. 이탈리아의 부호 조콘타를 위하여 그의 부인 엘리자베타를 모델로 그린 초상화이다.

그 수수께끼 같은 여성의 미소는 예로부터 성과 속의 양극적인 평가를 낳았다.

이때까지의 초상화는 바로 옆 모습을 그린 데 반하여 이 그림 속의 검은 옷을 입은 부인은 상체와 얼굴을 비스듬히 한 자세를 취하고 있다.

온화한 시선과 내성적인 표정, 두 손의 매무새에는 인간성이 깃든 깊은 지성과 감성, 그리고 야릇한 관능적 표현이 보인다.

또, 뒷배경으로는 고루에서 알프스를 멀리 바라보는 것 같은 습윤한 산악 풍경이 보인다. 동양 사상과의 교류를 생각하게 하는 초현실적인 자연과 심원한 인간관과의 화합은 레오나르도의 전 예술과 창조 정신이 집약되어 있다고 할 수 있다.

＊이솝

기원전 6세기 무렵의 고대 그리스의 우화 작가이다. 그리스어로는 아이소포스이며, 〈이솝 이야기〉의 작가로 알려져 있다.

확실히는 알 수 없으나, 원래 노예였는데 이야기를 잘하고 기지가 뛰어나서 자유의 몸이 되었다고 한다.

〈이솝 이야기〉에는 많은 이야기가 나오는데, 그가 혼자 모두 지은 것은 아니고, 그리스와 인도의 옛이야기에서 따온 것도 있고 후세 사람들이 덧붙인 이야기도 있을 것으로 짐작되고 있다.

레오나르도 다 빈치가 그린 기관총 설계도에 의해서 만든 기관총 모형

이솝이야기의 삽화

레오나르도 다 빈치는 많은 그림을 그렸을 뿐만 아니라 여러 가지를 연구했습니다.

어느 날, 다 빈치는 풀밭에 누워 있다가 솔개가 나는 것을 보았습니다. 커다란 날개를 펼친 채 하늘 높이 빙빙 도는 솔개를 본 다 빈치는 벌떡 일어나 아틀리에로 달려가서 바람을 이용한 탈것을 만들기 시작했습니다.

그리고 결국에는 오늘날의 글라이더와 같은 '하늘을 나는 기구'를 발명해 냈습니다.

새 모양을 한 기계 그림을 그리고, 여기에 사람이 타면 하늘을 날 수 있다고 그가 남긴 노트에 기록되어 있습니다.

그가 남긴 노트에는 수학 공식도 많아서, 좋은 그림을 그리려고 과학이나 수학 방면에도 얼마나 많이 노력했는가를 알 수 있습니다. 이솝＊처럼 재미나는 우화도 몇 편 써 놓았습니다.

그는 또한 사람의 몸에 관한 그림도 남겼습니다.

그 당시는 인체를 해부하는 일이 교회법으로 금지되어 있었음에도 불구하고, 레오나르드 다 빈치는 사람의 인체를 정확히 그리기 위해 한밤중에 묘지에 숨어들어 시체를 해부한 적도 있었습니다.

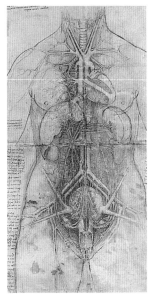

레오나르도 다 빈치가 그린
〈여성 인체 해부도〉

렘브란트의 〈툴프 박사의 해부학 강의〉

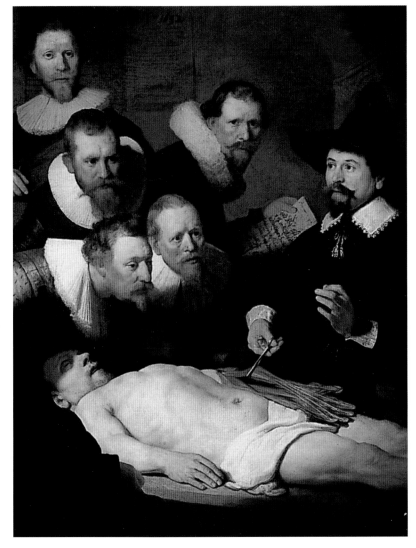

고대 그리스의 우화작가 이솝

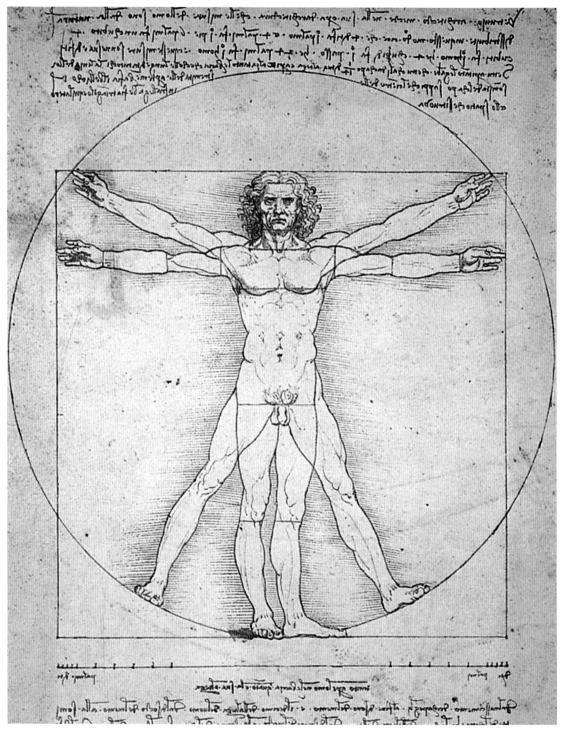

레오나르도 다 빈치가 그린 〈신체도〉

완벽한 인체의 표현 〈다비드상〉

한편, 위대한 조각가인 미켈란젤로도 레오나르도 다 빈치와 함께 르네상스를 빛낸 사람입니다.

미켈란젤로는 화가이자 조각가일 뿐만 아니라, 뛰어난 건축가이고 천문학자, 수학자, 시인이었습니다. 그는 피렌체에서 태어나 대리석공의 집에 맡겨져서 유모의 손에서 자라났습니다.

미켈란젤로가 태어날 무렵의 피렌체 시내

미술에 재능이 있었던 미켈란젤로가 대리석공의 집에서 자라났다는 것은 정말로 우연한 행운이었습니다.

6세 때 어머니를 잃은 소년 미켈란젤로는 피렌체 시내의 학교에 다니며 라틴어를 배웠고, 특히 단테의 시를 즐겨 읽었습니다.

"내 그림은 시야."

그는 아름다운 시를 쓰면서 그림을 그렸습니다.

 골든벨 상식

미켈란젤로

이탈리아의 조각가, 화가, 건축가이다. 레오나르도 다 빈치, 라파엘로와 더불어 르네상스 시대에 이탈리아가 낳은 최고 미술가이다. 프랑스 추기경의 위촉을 받아서 성 베드로 대성당의 〈피에타〉 대리석상을 1499년에 완성하였다.

1501년 〈다비드〉 대리석상을 3년에 걸쳐 완성하였으며, 계속하여 원형 부조인 〈성모자〉를 만들었고 〈성가족〉을 그렸다.

1504년, 피렌체 시청의 위촉으로 대회장의 벽화 〈카시나 수중 접전도〉를 그릴 때, 맞은편의 벽에는 레오나르도 다 빈치가 〈앙기아리 기마 접전도〉를 그림으로써 경쟁하게 되었다.

1508년에는 바티칸 궁전의 시스티나 성당의 천장화를 위촉받고 4년 만에 완성하였다.

또한, 교황 바오로 3세로부터 시스티나 성당의 정면 대벽화를 위촉받아, 〈최후의 심판〉을 완성하였다.

미켈란젤로

미켈란젤로의 스승 기를란다이오의 작품 '노인과 손자'

이탈리아 산타크로체성당에 있는 미켈란젤로의 묘지

네 미술 솜씨가 정말 훌륭하여 내가 더 이상 가르쳐 줄 것이 없구나.

13세가 된 미켈란젤로는 유명한 화가의 제자로 들어가 본격적으로 미술 공부를 하다가 그곳을 나왔습니다.

스승인 기를란다이오가 이런 말을 하였기 때문입니다.

"너에게 더 이상 가르칠 것이 없구나."

로마 산피에트로대성당 입구에 있는 미켈란젤로의 작품 '피에타'

이 무렵 피렌체의 마르코 공원에는 옛 조각 작품이 많이 전시되어 있어서, 미켈란젤로는 그것을 보며 혼자 공부했습니다.

미켈란젤로는 15세 때 이미 첫 조각 작품을 내놓고, 인체에 관심을 가지기 시작했습니다.

'사람의 몸을 정확하게 알아야만 영혼이 깃든 훌륭한 조각 작품을 만들 수 있어.'

이로써 근대의 인체 해부학은 의학자가 아닌 조각가 미켈란젤로에 의해 시작된 셈입니다.

1501년, 마침내 미켈란젤로는 〈다비드상〉*을 만들기 시작하여 2년 만에 그의 최대의 걸작품을 완성하였습니다. 거대한 대리석으로 조각된 〈다비드상〉은 완벽한 구도와 인체의 늠름한 체격을 표현한 훌륭한 작품입니다.

이 작품은 피렌체 시청 문 앞에 피렌체를 지키는 상징으로 세워졌고, 지금은 피렌체의 아카데미아 미술관에 소장되어 있습니다.

＊〈다비드상〉
이탈리아의 미켈란젤로가 1504년에 만든 조각 작품이다. 거대한 대리석상으로 완벽한 구도와 인체의 늠름한 체격을 표현한 걸작이다.
현재 피렌체의 아카데미아 미술관에 소장되어 있다.

고대 그리스의 철학자 프로크로스를 모델로 한 미켈란젤로의 작품

미켈란젤로가 그린 '리비아 무녀'

*⟨천지 창조⟩
창세 신화의 유형 중 원시 혼돈 내지 원초 물질에서 세계가 진화하여 만들어졌다고 하는 것에 반하여, 신이 어떤 방법으로 행한 세계의 창조이다. 일반적으로는 ⟨구약 성서⟩ 창세기 부분을 가리킨다.

미켈란젤로는 또한 1508년 로마 교황인 율리우스 2세의 부탁을 받고 로마에 있는 시스티나 성당의 천장에 그림을 그리기 시작했습니다.

높은 발판 위에 올라가 온종일 천장만 쳐다보고 그림을 그리는 것은 보통 힘든 작업이 아니었습니다. 그러나 미켈란젤로는 굳은 마음으로 꾸준히 작업에 매달린 결과 1512년에 ⟨천지 창조⟩*를 완성할 수 있었습니다.

시스티나 성당의 천장화인 미켈란젤로의 ⟨천지 창조⟩

미켈란젤로의 〈최후의 심판〉

그는 천지 창조로부터 시작하여 노아의 이야기에 이르는 장면, 크리스트의 탄생과 재림을 예언하는 예언자들, 그리고 크리스트의 선조들까지 그려냈습니다.

또한, 제단 뒤에는 바오로 3세의 명으로 완성한 〈최후의 심판〉*이 있는데, 이것은 단테의 〈신곡〉에서 구상하여 종교관을 대담하게 조형화한 작품입니다.

*〈최후의 심판〉
크리스트교에서, 세계의 종말에 예수 그리스도가 재림하여 인류를 심판한다는 교의이다. 〈요한 계시록〉 등에 보이며, 때로는 종교화의 제재로 쓰인다. 특히, 미켈란젤로가 그린 벽화가 유명하다.

4 알프스 북쪽의 르네상스

이탈리아를 석권한 르네상스는 16세기에 알프스 산맥을 넘어 유럽 각지로 확산되었습니다. 알프스 이북의 르네상스는 심미적 경향이 강한 이탈리아의 르네상스와는 달리 비판적이고 사회 개혁적인 성격이 강하게 나타났습니다.

네덜란드는 모직물 공업이 성하였고, 도시도 번영하고 있었습니다. 이를 배경으로 하여 르네상스 최대의 인문주의자 에라스무스가 활약하였습니다. 그는 〈우신예찬〉에서, 교회와 성직자의 부패를 맹렬하게 공격하면서 날카롭게 풍자하였습니다.

회화 분야에서는 반 에이크 형제가 유화 기법을 완성하여 사실주의를 확립하였으며, 민중 생활을 그린 브뢰겔이 활약하였습니다.

브뢰겔의 〈농민의 축제〉

에라스무스의 〈우신예찬〉

천 년을 이어온 중세 신의 세계가 무너지고, 깊은 잠에서 깨어난 인간의 세계가 르네상스 시대입니다.

사람들마다 스스로 바른 삶을 사는 데 매달리도록 일깨워 근대 유럽 문화의 출발점이 된 르네상스 운동은 그리스·로마의 고전 연구와 예술 분야에서만 이루어졌습니다.

르네상스는 앞서 이루어진 것들을 통째로 새롭게 하지 못한 귀족적 문화 운동이었고, 도시의 실권자들이 자신들의 자랑인 학문이나 예술에만 힘을 쏟았을 뿐 시민의 문화 운동이 아니었던 까닭에 후반부터 기울기 시작하였습니다.

이탈리아 르네상스 시대의 화가 산드르 보티첼리의 작품 '비너스의 탄생'

르네상스 시대의 화실

또한, 이탈리아 르네상스가 쇠퇴한 이유는 에스파냐와 포르투갈이 이룩한 지리 상의 발견 때문이기도 했습니다.

인도와 아메리카로의 새로운 항로 발견으로 대서양에 가까운 도시들이 무역에 나서게 되자, 상업 도시들의 발전이 느려지고 그 도시 상인들의 도움을 받아 아름 답게 꽃피던 르네상스 운동도 점차 기울었던 것입니다. 그리하여 16세기 이후 르 네상스의 중심은 알프스 북쪽의 유럽으로 이동하였습니다.

이탈리아의 피렌체를 중심으로 일어난 르네상스 운동은 알프스 산맥을 넘어 전 유럽에 전해졌고, 유럽의 여러 나라들은 앞다투어 이탈리아를 본받기 시작했습니다.

지금의 벨기에와 네덜란드 지방이 북유럽 르네상스 운동의 중심지였습니다. 네덜란드에서 먼저 시작된 알프스 북쪽의 르네상스는 현실 사회와 전통적 권위를 비판하고자 하였으며, 고전에 대해서도 비판적인 태도로 연구한 것이 특징입니다.

이 지방의 르네상스 운동은 16세기 최대의 인문주의자인 에라스무스를 시작으로 전개되었습니다.

교황이 자신의 부귀영화에만 관심이 있다니, 가톨릭은 썩었소.

1523년 독일의 화가 한스 홀바인이 그린
에라스뮈스의 초상화

그는 젊었을 때는 성직자가 되었으나 자유인이 되기 위해 수도의 길을 그만둔 사람입니다. 그가 펴낸 〈우신예찬〉에서 '우신'은 '어리석은 신'이라는 뜻입니다. 그러므로 우신예찬은 '어리석은 신에 대한 예찬'으로서 가톨릭 교회를 비꼬는 말입니다. 이 작품에서 에라스무스는 교회와 성직자들의 잘못을 날카롭게 꼬집어 공격했습니다.

인문예술의 맞이를 받은 젊은이들

한 걸음 더!

에라스무스의 〈우신예찬〉 중에서

요즈음의 교황은 가장 어려운 일들을 성서에 맡기고, 자신은 호화로운 의식이나 즐거운 일에만 전념한다. 그러므로 교황은 누구보다도 우아한 생활을 하고 있는 것이다.

화려한 의식에 지존이니 지성이니 하는 칭호를 걸치고 나타나서, 의식에서 축복이나 저주의 말을 하고 감독의 역할을 부지런히 하면 그것으로 충분히 크리스트에게 봉사했다고 생각한다.

인문주의자 에라스무스

*뒤러
독일의 화가로, 독일 르네상스 회화의 완성자이다.
예리한 묘사력과 풍부한 구상력으로 〈크리스트의 대수난〉, 〈아담과 이브〉, 〈네 사도〉 등을 그렸고 판화가로도 알려져 있다.

에라스무스는 또한 '하지만 그러나'라는 말을 문장 속에 최초로 제일 멋지게 쓴 사람입니다.

'하지만 그러나'라는 뜻은 많이 배운 지성인의 태도를 나타내고 완강하게 자기주장을 펴는 것을 가리킵니다. 그리하여 사람들은 그를 가리켜 '하지만 그러나 왕'이라고 부르기도 하였습니다.

〈우신예찬〉은 그리스, 라틴 문학과 철학 및 성서 연구가 가득 찬 명저입니다. 특히, 이 책은 신앙의 양심을 되살리려는 정신이 강합니다.

"우신은 부자의 신을 아버지로, 청춘의 신을 어머니로, '도취(무엇에 홀린 듯 취함)'와 '무지(무식함)'의 두 유모 젖을 먹고 자랐다."

뒤러가 그린 에라스무스의 초상화

에라스무스는 이런 말을 책에 썼습니다. 이 바보 신은 여러 친구가 있는데 '추종(무턱대고 따름)의 신', '게으름뱅이 신', '향락의 신'따위가 그들이라고 하였습니다.

에라스무스는 지금의 교황은 영화(호강을 누림)와 행복 속에 싸여 있다고 한탄했습니다.

알브레히트 뒤러의 초상화　　　알브레히트 뒤러의 대표작 '아담과 이브'

토머스 모어의 〈유토피아〉

한편, 영국의 토머스 모어는 공상 사회 소설 〈유토피아〉를 써서 민중을 깨우쳤습니다. 에라스무스와도 친하게 지냈던 그는 영국의 대법관이었습니다.

이 소설은 사회 제도나 가정생활, 종교의 자유가 보장되고, 경제적, 사회적으로 평등하며, 교육의 기회가 골고루 주어지는 이상적인 국가를 묘사하고 있습니다.

'유토피아'라는 말은 그리스어의 '어디에도 없다'라는 뜻인 '우토포스'에서 나왔는데, 현재는 '이상향'이라는 뜻으로 쓰이고 있습니다.

한 걸음 더!

토마스 모어

영국의 정치가이며 인문주의자로, 전통적인 가톨릭 신자이다. 국왕 헨리 8세의 이혼을 인정하지 않았고, 왕을 영국 국교회의 최고 수장으로 하는 것에 반대하여 처형되었다.

대법관으로 있으면서 1516년에는 〈유토피아〉를 저술하였으며, 사유 재산 제도를 비난하고 사회 평등을 주장하는 등 이상 사회를 추구하였다. 이는 유토피아 사상사에서 중요한 위치를 차지하고 있다.

〈유토피아〉를 쓴 토머스 모어

아메리고 베스푸치

이탈리아의 탐험가로 피렌체 출생이다. 신대륙 초기 탐험자이며, 아메리카라는 지명은 그의 이름 아메리고에서 유래한다.

1497년 첫 탐험에 나선 그는 영국의 식민지 콜롬비아에 도착하였으며, 1499년 신대륙의 북위 15° 지점에 도착하고, 다시 브라질에 도착하였다 한다. 세비야에서 말라리아로 사망하였다.

신대륙에 발을 디딘 아메리고 베스푸치

1507년 독일의 지리학자 M.발트제뮐러가 그의 저서 《세계지 입문(世界誌入門)》(1507)에서 '신세계'임을 발견한 아메리고의 이름을 기념하여 그것을 아메리카라고 부르기를 제창하였고, 이것이 뒤에 널리 승인되었다.

그는 아메리고 베스푸치의 신대륙 탐험대의 한 선원으로부터 본국으로 돌아오는 길에 잠시 들렀던 섬에 대하여 이야기를 듣고 썼다고 합니다.

토머스 모어가 유토피아를 평화로운 이상 국가로 그린 데 비하여, 모어가 살았던 영국의 실제 현실은 유토피아와는 거리가 멀었습니다.

국왕 헨리 8세가 왕비 캐서린과 이혼하고 앤 불린과 결혼하는 등 정치적으로 매우 어수선했던 것입니다.

토머스 모어는 국왕의 재혼에 반대하다가 런던 탑에 갇힌 후 결국 사형을 당하고 말았습니다.

*〈걸리버 여행기〉
영국의 작가 스위프트가 지은 대표적 풍자 소설이다. 제1권에서는 소인국을 통해 당시의 영국 정치를 풍자하였고, 제2권에서는 거인국 사람을 통해 유럽인의 잔인한 성질을 풍자하였다. 제3권에서는 당시의 학문을 풍자하였고, 제4권에서는 인간의 모습을 한 야후라는 동물의 저속함을 통해 인간 자체를 풍자하고 있다.

〈유토피아〉는 현재 근대 소설의 시조로 평가받고 있습니다. 또한, 이 책은 어린이들도 좋아하는 스위프트의 〈걸리버 여행기〉*에도 큰 영향을 주었습니다.

프랑스의 작가 라블레는 〈가르강튀아와 팡타그뤼엘〉이라는 소설을 썼습니다. 이 책은 가르강튀아라는 거인과 그의 아들 사이에 일어나는 모험 이야기입니다.

퐁트네르 콩트의 수도원에서 생활한 그는 이단자로 낙인이 찍혀 쫓겨났습니다. 라블레는 당시의 딱딱하고 생각이 좁은 종교를 풍자함으로써 인간의 자유를 선언했던 것입니다.

프랑수아 라블레의 소설 '가르강튀아와 팡타그뤼엘'의 삽화

스위프트의 소설 '걸리버 여행기'의 삽화

〈걸리버 여행기〉를 쓴 스위프트

프랑스 작가 프랑수아 라블레

5 세르반테스의 〈돈키호테〉

〈돈키호테〉는 에스파냐의 소설가 세르반테스의 풍자 소설입니다. 전편은 1605년, 후편은 10년 후인 1615년에 출판되었습니다.

과대망상에 빠진 시골 향사 돈키호테가 부하 산초 판사를 거느리고 기사 수업에 나서 여러 가지 익살스런 일을 저지르며 모험에 나서는 내용입니다.

작품 〈돈키호테〉는 기사 돈키호테의 고매한 이상과, 산초 판사의 실제적이며 속물적인 성격 대조를 통하여 인간성의 양면을 잘 드러내고 있습니다. 또한, 인간 사회에 대한 실감 난 묘사는 근대 소설에 지대한 영향을 끼쳤습니다.

세르반테스와
〈돈키호테〉 동상

퇴폐 시대의 현실을 풍자한 〈돈키호테〉

중세 기사들의 생활 규범으로, 기사 정신이라고도 한다. 처음에는 충성, 무용, 명예, 신의를 주요 내용으로 하였다.
그러나 십자군 시대에 이르러 크리스트교의 윤리를 받아들여 경건, 겸양, 약자 보호의 어진 덕과 귀부인에 대한 봉사가 포함되었다.

17세기 초에 에스파냐에서는 세르반테스*가 〈돈키호테〉를 썼습니다. 이 소설은 중세의 기사를 우스꽝스럽게 다루었습니다.

세르반테스는 실제로 20세 때 전쟁에 나가 왼쪽 팔을 잃었고, 조국으로 돌아오다가 해적에게 잡혀 5년 동안 노예로 지낸 적이 있었습니다.

그러다가 간신히 구출된 그는 시인이 되어 극본을 썼으나 신통한 반응을 얻지 못했습니다. 그 뒤, 여러 직업을 전전하다가 세금을 받는 관리가 되었을 때는 예금해 둔 은행이 망해서 감옥 생활도 하였습니다.

중세 기사의 서임식

이렇게 실패만을 거듭하던 그가 1605년 60세의 나이에 쓴 불후의 명작이 바로 〈돈키호테〉입니다.

옛날, 라만차라는 에스파냐 마을에 기사도에 관한 소설을 너무 많이 읽어서 머리가 이상해진 지주가 살고 있었습니다. 그는 스스로 자기 이름을 '돈키호테'라고 지었습니다.

그는 매사에 자신이 읽은 소설의 주인공이 된 듯 행동하다가, 결국 그 마을에 사는 산초 판사를 시종으로 데리고 기사 수업에 나가 여러 가지 모험을 하게 됩니다.

골든벨 상식

세르반테스

에스파냐의 소설가이며 극작가이다. 마드리드 주 알칼라 데에나레스에서 가난한 외과 의사의 아들로 태어났다. 가정 형편상 정규 교육은 거의 받지 못하였고, 아버지와 함께 전국 각지를 떠돌아다니면서 방랑하기를 좋아했다.

1569년에 추기경 아콰비바를 따라 이탈리아에 갔으나, 얼마 후에 군인이 되어 1571년에는 레판토 해전에 참가했다가 부상당하여 왼손을 못 쓰게 되었다.

1605년에 〈돈키호테〉를 출판하여 크게 성공했으나, 물질적인 혜택은 별로 없었다.

1614년에 가짜 작품인 〈돈키호테 속편〉이 나오자, 격분한 세르반테스는 10년 만에 〈돈키호테 제2부〉를 발표하여 불후의 명작을 완성했다.

〈돈키호테〉의 작가 세르반테스

이 작품에서 그는 드높은 이상이 사회적, 정치적, 도덕적인 퇴폐 시대에 현실과 충돌하여 무참히 패배함을 풍자하였다.

돈키호테형 인간의 창출

산초는 그의 뚱보 소작인(남의 땅을 빌려 농사짓는 사람)으로서 머리가 약간 둔한 사람입니다.

돈키호테는 산초에게 모레나 성에 가서 둘시네아 공주를 찾아 자신의 편지를 전하라고 합니다. 두르네시아는 돈키호테가 사모하는 가상의 공주입니다.

기사 수업 받은 돈키호테는 자기 희망대로 바라타리아 섬의 지배자가 되었습니다. 그렇지만 그는 계속 기사 수업을 위한 순례를 진행합니다.

그러자 친구 카라스코가 돈키호테의 행동을 보다 못하여 기사로 변장하여 결투를 벌입니다. 돈키호테가 굴복하자 친구는 이런 말을 합니다.

"앞으로 1년 동안 무기를 쥐지 않겠다는 약속을 하게."

풍차를 괴물로 여기고
공격하려는 돈키호테

그 후, 돈키호테는 병이 나서 자리에 누웠다가 정신을 되찾습니다.

지난 일에 대해 모든 사람에게 용서를 빈 돈키호테는 자신의 재산을 고루 나누어 주고 숨을 거둡니다.

소설 〈돈키호테〉는 당시 에스파냐에 유행하던 기사도 이야기를 풍자하기 위해서 쓴 것인데, 오히려 〈돈키호테〉의 문학적 가치는 그것이 진정으로 '인간'을 그린 첫 작품이라는 데에서 큰 뜻을 찾을 수 있습니다.

〈돈키호테〉 삽화

독서에 빠진 돈키호테

그는 〈돈키호테〉에서 유머와 풍자, 비극적이고 희극적인 요소를 골고루 갖추어 과도기적 시대를 잘 그려 냈습니다. 또한, 기발한 전개와 함께 작중 인물 성격의 뛰어난 묘사로 '돈키호테형'이라는 인간 성격의 한 전형을 창출했습니다.

'돈키호테형'은 현실을 무시하고 자신의 공상이나 자기 나름의 정의감에 빠져 앞뒤를 헤아리지 않고 분별없는 행동을 하는 인물 유형을 말합니다.

6 불멸의 대문호 셰익스피어

엘리자베스 1세 시대는 영국 르네상스 문학의 최전성기로, 시인 스펜서 이외에 영국 문학사상에서 최고의 천재로 추앙받고 있는 셰익스피어가 나타나 황금 시대를 맞이하였습니다.

셰익스피어는 잉글랜드 중부 스트랫퍼드 어폰에이번에서 태어나, 1585년 혼자 런던으로 나와서 런던의 극장에 들어갔습니다. 그 후 희극 배우를 거쳐, 1590년 이후 극작가로 활동하였습니다.

〈햄릿〉과 〈리어 왕〉 등의 비극을 비롯해 〈한여름 밤의 꿈〉, 〈베니스의 상인〉 같은 희극, 〈줄리어스 시저〉, 〈안토니우스와 클레오파트라〉 등의 사극은 셰익스피어의 대표적인 작품입니다.

셰익스피어의 생가

세계 문학의 최고봉 셰익스피어

영국에서는 위대한 극작가 셰익스피어가 나와서 눈부신 작품 활동을 하였습니다. '세계 문학의 최고봉'으로 평가되는 셰익스피어이지만 그의 일생에 관해서는 기록이 거의 남아 있지 않습니다. 심지어는 편지 한 장이나 단 하루의 일기조차도 발견되지 않습니다.

"셰익스피어는 이 세상에 산 사람이 아니야."

심지어는 이렇게 말하는 사람도 있습니다. 그렇지만 여러 가지 사실로 미루어 셰익스피어가 살아온 길을 더듬을 수는 있습니다.

셰익스피어의 작품 '리어왕'의 한 장면

세익스피어의 작품 '한여름 밤의 꿈' 의 제4막

셰익스피어는 1564년 영국의 스트랫퍼드에서 농사를 지으며 장사를 하는 집안에서 태어났습니다. 그런데 아버지가 사업에 실패하여 빚을 갚지 못해 감옥살이를 한 뒤부터는 14세의 그가 집안일을 돌보아야만 했습니다. 따라서 셰익스피어는 중등 교육밖에 받지 못했습니다.

세익스피어의 작품 '한여름 밤의 꿈' 의 책 표지

책만 손에 들면
시간이 어떻게
가는 줄 모르겠어.
종일 책만 보면 좋겠다.

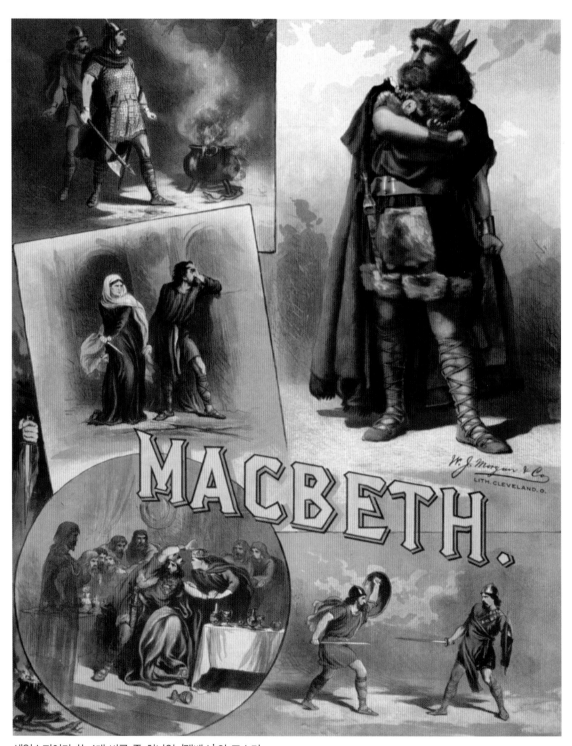

세익스피어가 쓴 4대 비극 중 하나인 '맥베스' 의 포스터

그렇지만 그는 학교에 다닐 때 책을 많이 읽어서 예술에 대한 눈을 떴습니다.

18세 때 8세 연상의 여자와 결혼한 셰익스피어는 딸 둘을 두고 그럭저럭 시골 생활에 젖어 살고 있었습니다.

21세가 된 셰익스피어는 문득 자신의 모습을 돌아보았습니다.

'이렇게 촌에 틀어박혀 살 것이 아니라 넓은 세상으로 나가 보자.'

그는 큰 꿈을 안고 런던으로 갔습니다.

그는 처음에 극장에서 말을 지키는 일을 맡았다가 재주를 인정받아 배우가 되었으며, 26세 때부터는 극본(희곡)을 써서 세상을 놀라게 하였습니다.

극작가로 성공하고 유명해져서 돈도 어느 정도 모이자 그는 자신의 고향으로 돌아와 지내다가 52세 때 세상을 떠났습니다.

셰익스피어는 장편 시 2편, 14행 시 154편, 희곡 37편이라는 엄청난 작품을 남겼습니다. 정규 교육을 제대로 받지 못한 사람이 세계적인 대문호로 성공한 예는 이 무렵에 보기 드문 일이었습니다.

세계적인 대문호 셰익스피어

셰익스피어의 최고 걸작들

영국의 화가 존 에버릿 밀레이의 '햄릿' 중 오필리아의 죽음을 묘사한 작품

"셰익스피어는 인도와도 바꿀 수 없다!"

영국의 엘리자베스 1세 여왕이 한 말입니다.

4대 비극인 〈햄릿〉, 〈오셀로〉, 〈맥베스〉, 〈리어왕〉과 〈베니스의 상인〉, 〈한여름 밤의 꿈〉 등의 희극, 그리고 〈줄리어스 시저〉, 〈안토니우스와 클레오파트라〉 등의 사극은 셰익스피어의 최고 걸작으로 지금 이 순간에도 세계의 구석구석에서 끊임없이 공연되고 있습니다.

〈햄릿〉과 〈베니스의 상인〉

〈햄릿〉

영국의 극작가 셰익스피어의 5막 비극이다. 1601년 무렵에 지어진 작품으로 〈오셀로〉, 〈맥베스〉, 〈리어 왕〉과 함께 셰익스피어의 4대 비극 중의 하나이다. 덴마크 왕가의 왕위 계승을 둘러싸고 일어난 유혈 사건을 소재로 하였다.

형을 독살하고 어머니를 증오하는 햄릿이 아버지의 망령을 만나 사실을 알고 복수를 실행하는 이야기이다. 주인공 햄릿에 대한 성격 묘사가 뛰어나다. 우유부단한 사람의 대명사로 쓰이는 '햄릿형 인물'은 이 작품에서 비롯된 것이다.

셰익스피어의 〈햄릿〉을 연극으로 상연하는 모습

〈베니스의 상인〉

셰익스피어의 희극이다. 욕심쟁이 고리 대금업자 샤일록에게 변을 당하게 된 베니스의 상인 안토니오를 친구의 약혼자인 포샤가 기지에 찬 변론으로 구한다는 줄거리이다.

영국의 화가 포드 브라운이 그린 '로미오와 줄리엣'

작가로서 셰익스피어의 위대한 점을 꼽는다면 그것은 작중 인물의 새로운 성격 창조에 있습니다. 셰익스피어는 그의 작품을 통해 무려 50여 명의 새로운 인물을 창조해 냈습니다.

또, 그의 극의 특징은 극은 행위, 시간, 장소가 단일해야 한다는 삼일치의 법칙과 문법의 무시, 새로운 낱말의 창조 등으로 요약할 수 있는데, 그가 사용한 단어 수는 약 1만 5천여 개로 알려져 있습니다.

셰익스피어의 창작 활동 시기

제1기는 1590년부터 1595년에 이르는 습작 수련의 시기인데, 〈헨리 6세〉 3부작, 〈리처드 3세〉, 〈말괄량이 길들이기〉와, 걸작 〈로미오와 줄리엣〉 등이 있다.

1600년 무렵까지의 제2기는 인간적 관찰의 눈이 뚜렷해지고 기법이 세련되어 그 무렵 극단에서 뛰어난 존재가 되었다. 〈한여름 밤의 꿈〉, 〈베니스의 상인〉은 이때의 작품이며, 화려한 낭만이 따뜻한 해학에 감싸여 아름다운 언어로서 독특한 세계를 이루고 있다.

제3기는 이른바 비극의 시대로서 1601년부터 1608년까지를 이르며, 4대 비극인 〈햄릿〉, 〈리어왕〉, 〈오셀로〉, 〈맥베스〉가 발표되었다.

마지막 시기인 10년을 전후한 짧은 기간에 발표한 작품은 〈심벨린〉, 〈겨울 이야기〉, 〈템페스트〉 등이다.

셰익스피어의 〈베니스의 상인〉을 연극으로 상연하는 모습

세계사 부록

르네상스의 시작

일반적으로 한 시대를 대표하는 문화 현상이란 그 시대의 사회적 제반 상황을 배경으로 하여 생겨난다. 따라서, 시대나 사회가 변하면 문화도 바뀌게 마련이다.

14세기 유럽에서는 봉건 사회의 변화가 두드러졌다. 십자군 전쟁으로 인하여 봉건 귀족과 교회의 세력이 쇠퇴하고, 공업이 일어나면서 도시가 발달하여 시민 계급이 대두하기 시작하였다.

그리고 대서양 연안의 서유럽 각국에서는 중앙 집권적인 근대 국가가 싹트기 시작하였다. 이와 같은 사회 변화를 배경으로 하여 새롭고 자유로우며 인간 중심의 문화를 요구하는 움직임이 일어나기 시작하였다.

르네상스를 지원한 메디치 가의 문장

이러한 새로운 근대 문화의 태동을 르네상스라고 한다. 르네상스는 서유럽 근대 문화의 시작이며, 고대 그리스, 로마의 학문이나 예술을 부흥시키고 인간 중심으로 생각하려는 운동이었다.

르네상스의 미술

이탈리아의 르네상스는 미술 분야에서 가장 활발하게 전개되었으며, 훌륭한 화가와 조각가가 많이 배출되었다. 그들은 중세의 종교 미술에서 벗어나 자연과 인체를 세밀하게 묘사하여 새로운 미의 세계를 창조하였다.

건축에서는 그리스식의 장중한 기둥과 로마식의 우아하고 아름다운 둥근 지붕을 융합시킨 르네상스 양식이 생겨났다.

성 베드로 대성당

문화에 세속적인 면이 강조된 시대 상황도 그대로 반영되었으며, 교회 건축 외에도 궁전이나 시민의 저택도 매우 훌륭하게 축조되었다.

브루넬레스키와 브라만테는 이 당시의 대표적인 건축가이다. 또한, 브라만테와 미켈란젤로가 건축하고 설계한 로마의 성 베드로 대성당은 르네상스 건축의 최고 걸작품으로 인정받고 있다.

이탈리아 르네상스의 쇠퇴

이탈리아는 르네상스 시대 동안 계속 분열 상태에 놓여 있었고, 말기에는 오스트리아와 프랑스 등 외세의 침입에 시달렸다. 그리고 1495년에 프랑스 왕 샤를 8세가 쳐들어왔을 때부터 약 반세기 동안에는 외국의 전투장이 되었다.

이와 같이 어려운 시대 상황에서 이탈리아의 정치가 마키아벨리는 〈군주론〉을 저술하였다. 그는 본래 공화주의자였으나, 분열과 전란에서 헤어나지 못하는 이탈리아를 구하기 위한 비상 수단으로 전제 군주가 권모술수를 쓰는 것도 필요하다고 생각하였다.

그의 정치론은 반도덕적이라는 비난을 받았지만, 당시 현실로서는 환영을 받았다. 그래서 이상을 무시하고 지나친 책략을 사용하는 것을 마키아벨리즘이라고 한다.

〈군주론〉을 저술한 마키아벨리

프랑스와 독일의 르네상스

몽테뉴

프랑스에서는 16세기 초기에 프랑수아 1세가 문화를 장려하였으며, 루브르 궁전도 이때 만들어졌다. 라블레의 〈가르강튀아의 모험담〉은 기지가 넘치는 흥미로운 이야기로 가득하여 자유분방한 르네상스 정신을 고취시켰다.

특히, 몽테뉴는 〈수상록〉에서 종교 개혁에 따른 혼란한 세상을 초월하여 인간에 대한 깊은 통찰을 통한 조화와 자유를 추구하였다.

르네상스 운동에서 비롯된 인간 중심의 새로운 정신은 이탈리아에서 그리스, 로마의 고전을 통해 인간의 지성과 미의식을 해방시켰지만, 독일에서는 신앙을 인습에서 해방시키는 데에 도움을 주었다. 또한, 뒤러나 홀바인은 심오한 인간관을 보여 주는 초상화 등의 걸작품을 남겼다.

1352	원의 곽자흥, 거병함.
1353	원의 주원장, 저주에서 군사를 일으킴. 이탈리아의 보카치오, 〈데카메론〉을 완성함.
1354	원의 화가 황공망, 사망함. 신성 로마 제국의 찰스 4세, 이탈리아 원정에 나섬. 이 무렵 벨트루드 슈발츠가 화약을 발명함.
1355	원의 주원장, 태평로를 점령함. 모로코의 이븐 바투타, 〈여행기〉를 완성함.
1356	신성 로마 제국의 카를 4세, 7인의 선제후가 황제를 선출한다는 〈황금 문서〉를 발표함. 잉글랜드의 에드워드 흑태자, 푸아티에 전투에서 프랑스의 장 2세를 포로로 잡음(백년 전쟁).
1358	원, 홍건적이 상도를 불태움.
1360	오스만 튀르크의 무라트 1세, 즉위하여 다시 영토를 확장시킴. 잉글랜드와 프랑스, 브레티니-칼레 조약을 맺음 (백년 전쟁의 일시 휴전).
1361	헝가리, 부도시를 수도로 함 (1873년 페슈트와 합병하여 현재의 부다페스트가 성립).
1362	인도, 바흐마니 왕국과 비자야나가르 왕국의 항쟁이 시작됨. 오스만 튀르크, 아드리아플(에디르네)을 점령함. 잉글랜드, 영어를 법정과 의회의 공용어로 함.
1363	신성 로마 제국, 제1회 한자 동맹을 개최함. 잉글랜드, 런던에 거리 청소부가 생김.
1364	동로마, 오스만 튀르크가 침입해 콘스탄티노플이 고립됨.

황공망의 〈구주봉취도〉

에드워드 흑태자

1365	헝가리, 부다페스트 대학을 창립함.
1367	일본, 아시카가 요시미쓰가 막부를 장악함.
	이탈리아의 페트라르카,
	연애시 〈칸초니에레〉를 지음.

인문주의자 페트라르카

1369	중앙아시아, 티무르 제국을 세움.
	잉글랜드와 프랑스, 백년 전쟁을 재개함.
	잉글랜드, 영시의 아버지 초서가
	〈공작부인의 서〉를 지음.
1370	티무르, 사마르칸트에 도읍함.
1371	스코틀랜드, 로버트 2세가 왕위에 올라
	스튜어트 왕조가 시작됨.
1375	이탈리아, 보카치오가 사망함.
	이탈리아의 이븐 할둔,
	〈실례의 서(이바르의 글)〉를 저술함.
1376	교황청, 교황 그레고리우스 11세가
	아비뇽의 교황청을 폐함.
	잉글랜드의 위클리프, 종교 개혁을 시작함.

아비뇽 교황청

1377	교황청, 교황 그레고리우스 11세가
	로마로 돌아오고 아비뇽 유수가 끝남.
1378	이탈리아, 길드가 변질되고 상업 자본이 대두됨.
1380	모스크바 공국의 드미트리 2세,
	쿨리코보 전투에서 최초로
	킵차크한국에 승리함.

와트 타일러의 난

1381	잉글랜드, 와트 타일러의 농민 폭동이 일어남.
1382	이집트의 알 자히르 바루쿠크,
	부르디 마물루크 왕조를 창건함.
1387	명, 〈어린도책〉을 편찬함.
1390	스코틀랜드, 로버트 3세가 즉위함.
1391	북원, 명에 항복하고 멸망함.
1392	티무르, 바그다드를 다시 침공함.
	루이 오를레앙파와 부르고뉴파 사이의
	내란이 벌어짐.

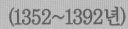

(1352~1392년)

이 시대의 세계는

백년전쟁 중에 벌어진 공성전
프랑스의 왕위 계승 문제, 양모 공업 지대인 플랑드르의 주도권 싸움 등이 원인이 되어 영국과 프랑스 사이에 1백여 년 동안 단속적으로 계속되었던 전쟁이다.

아시아

백년전쟁 당시
입었던 쇠로 만든 옷

아프리카

인도양

오스트레일리아

마물루크 왕조
시대의 램프

마물루크 왕조의 기마병
마물루크 왕조는 이집트, 시리아를 지배한 터키계 이슬람 왕조이다. 아유브 왕조의 군인 노예가 창건하였다. 십자군과 몽골군을 격퇴하고 동서 무역으로 번영하였으나, 새 인도 항로의 발견 후 재정 파탄으로 오스만 제국에 병합되었다.

청동으로 만들어진 명나라의
조각상(장수를 상징하는
선인의 모습)

북아메리카

대서양

태평양

남아메리카

주원장(1328~1398년)
중국 명나라의 제1대 황제
로, 홍무제나 태조라고도
한다.
가난한 농부의 아들로 태어
나 생활이 어려워서 승려가
되었다. 25세 때 홍건적의
난이 일어나자 반란군에 참
가하여 마침내 오왕이라 일
컫고, 양쯔 강의 중류, 하류
일대를 지배하였다.
1368년에 응천부(지금의
난징)에서 황제의 자리에
올라 나라 이름을 명이라
하고 연호를 홍무라고 정하
여, 1대 동안에 한 연호로
통하는 제도를 만들었다.
그 후 중국을 통일했다.

사마르칸트의 타일

티무르 제국의 건국자인 티무르(1336~1405년)
사마르칸트의 남쪽 케시에서 태어났다. 서차가타이 한국의 혼
란 중에 세력을 뻗쳐, 1369년에 사마르칸트에서 즉위하였다.
동차가타이 한국, 킵차크한국 등을 정복하고 인도에도 침입했
으며, 오스만 제국을 무찔러 대제국을 건설하였다.

〈세계사 이야기〉 관련 홈페이지

골말의 역사 교실 http://history.new21.net

공자를 찾아서 http://nagizibe.com.ne.kr

김제훈의 역사가 좋아요 www.historylove.com

대영 박물관 www.thebritishmuseum.ac.uk

독일 정보 www.nobelmann.com

러시아 우주 과학회 www.rssi.ru

루브르 박물관 www.louvre.fr

링컨(백악관) www.whitehouse.gov/history/presidents/al16.html

메트로폴리탄 미술관 www.metmuseum.org

버지니아 대학 도서관 http://etext.virginia.edu/jefferson

사이버 스쿨버스 www.cyberschoolbus.un.org

서양 미술 사학회 www.awah.or.kr

소창 박물관 www. sochang.net

영국의 왕실 공식 사이트 www.royal.gov.uk

유엔(UN) www.un.org

이슬람 소개 www.islamkorea.com

인도의 독립 운동가 간디를 소개하는 사이트 http://mkgandhi.org

정재천의 함께하는 사회 교실 http://yuksa.new21.org

제1차 세계 대전의 원인, 주요 전투, 관련 인물, 연대표 수록

http://firstworldwar.com

주한 독일 문화원 www.gothe.de/seoul

주한 중국 문화원 www.cccseoul.org

주한 프랑스 문화원 www.france.co.kr

중국의 어제와 오늘 www.chinabang.co.kr

차석찬의 역사 창고 http://mtcha.com.ne.kr

한국 서양사 학회 http://www.westernhistory.or.kr

한국 셰익스피어 학회 www.sakorea.or.kr

한국 프랑스 사학회 http://frenchhistory.co.kr